Maze Book
for kids ages 8-12

This book Belongs to:

Description

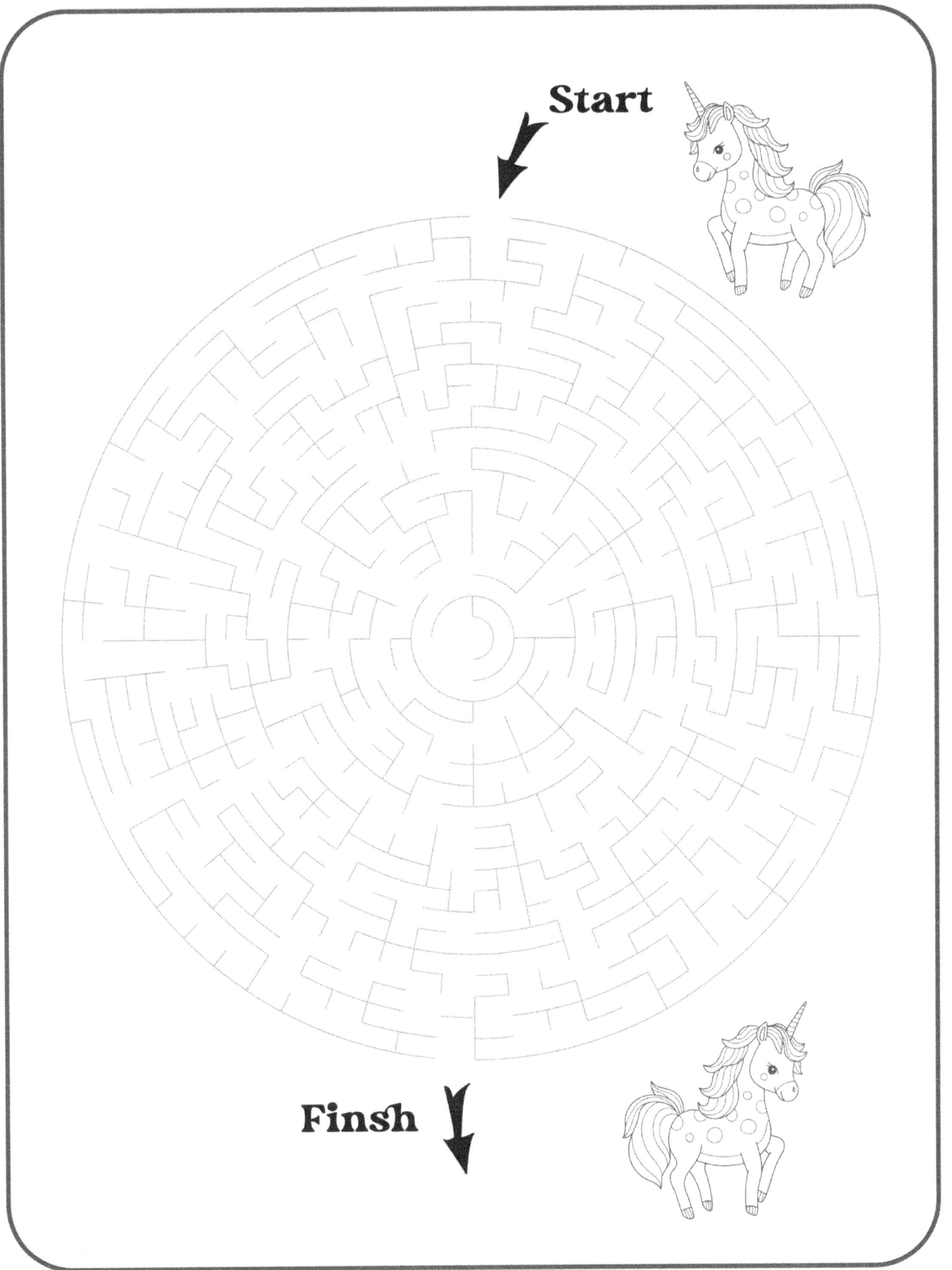

Start
Finsh

Start
Finsh

Start
Finsh

Start

Finsh

Start
Finsh

Start
Finsh

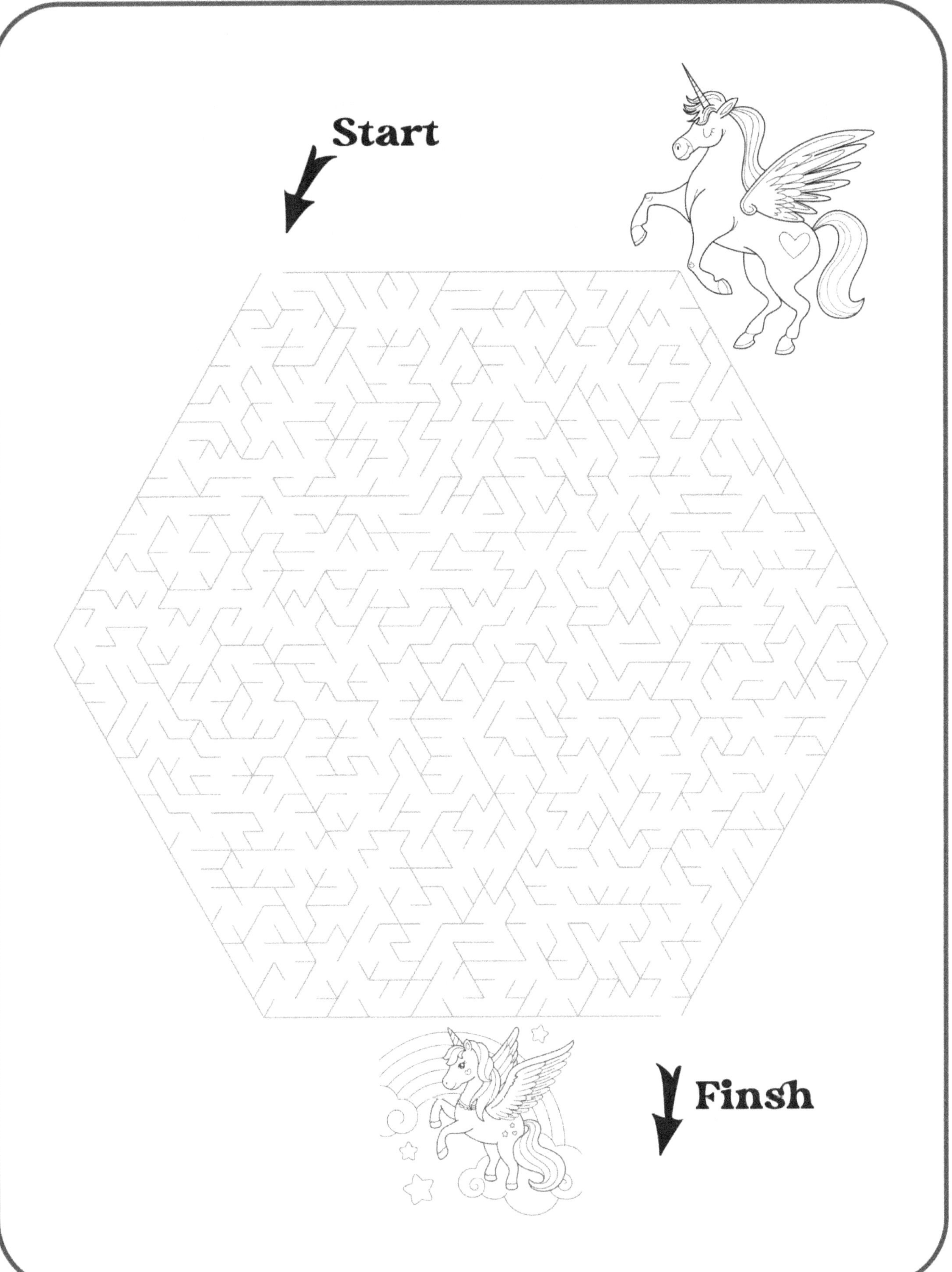
Start
Finsh

Start

Finsh

Start
Finsh

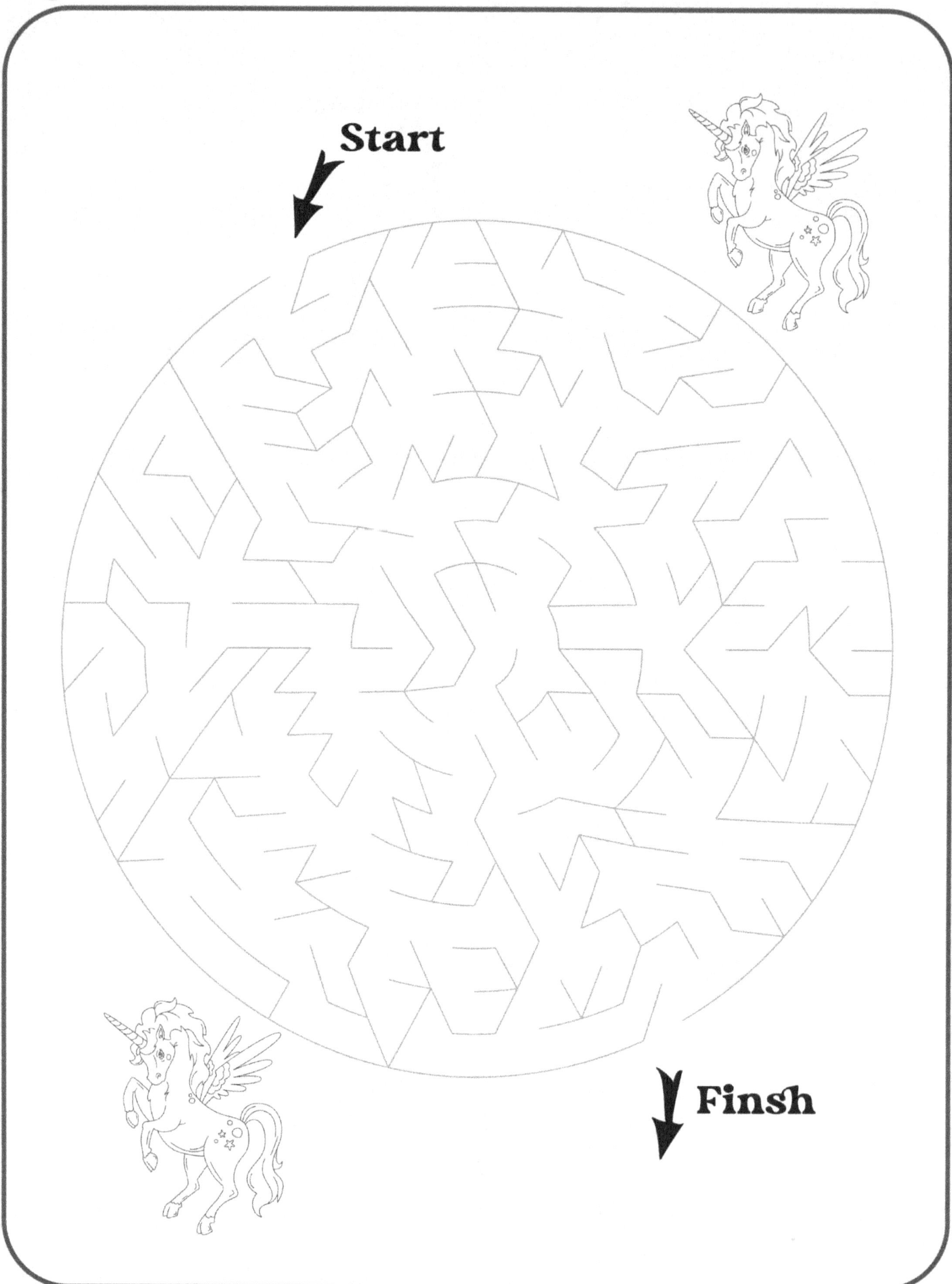
Start
Finsh

Start
Finsh

Start

Finsh

Start
Finsh

Start
Finsh

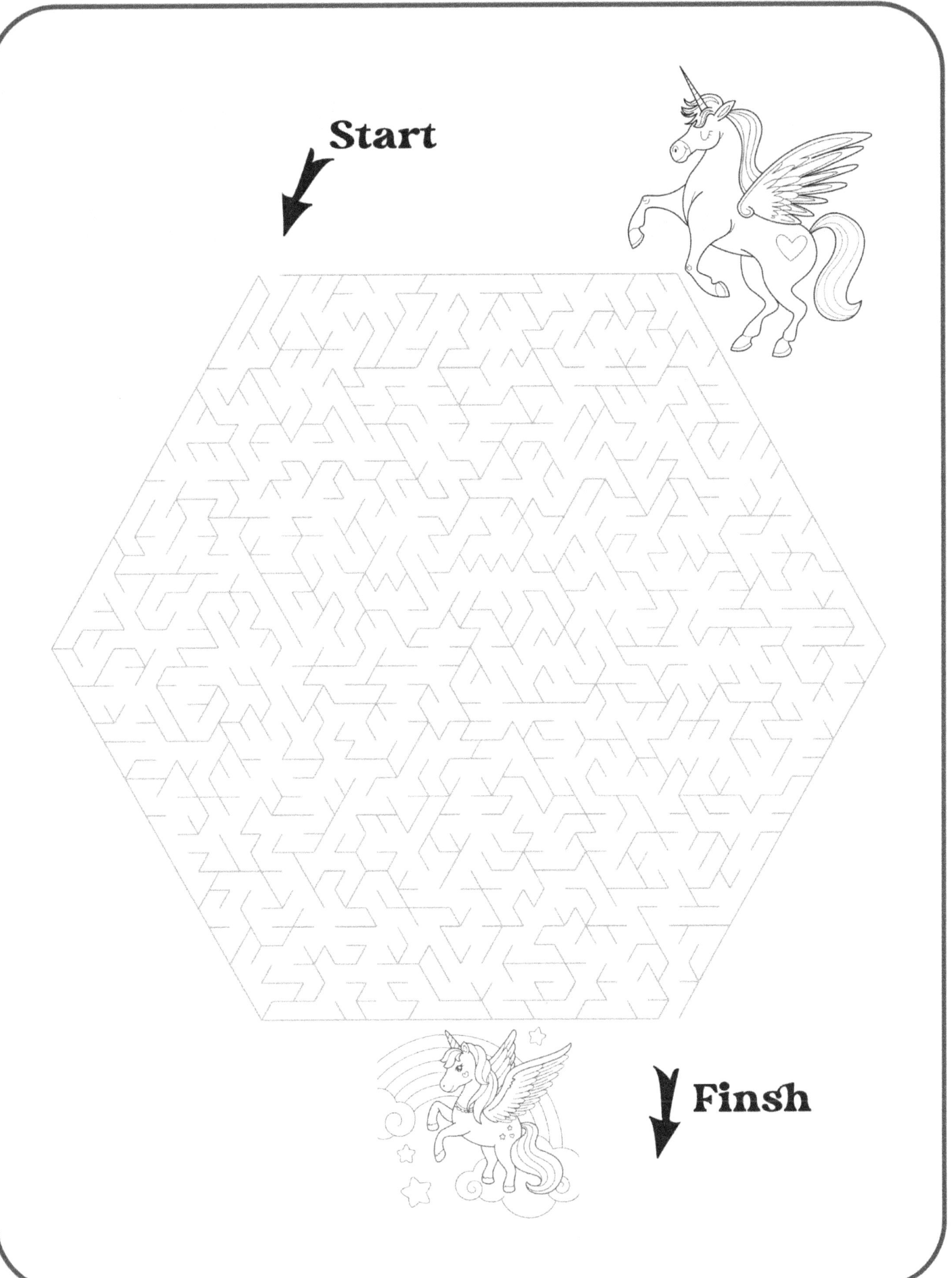

Start
Finsh

Start

Finsh

Start
Finsh

Start
Finsh

Start
Finsh

Start

Finsh

Start
Finsh

Start
Finsh

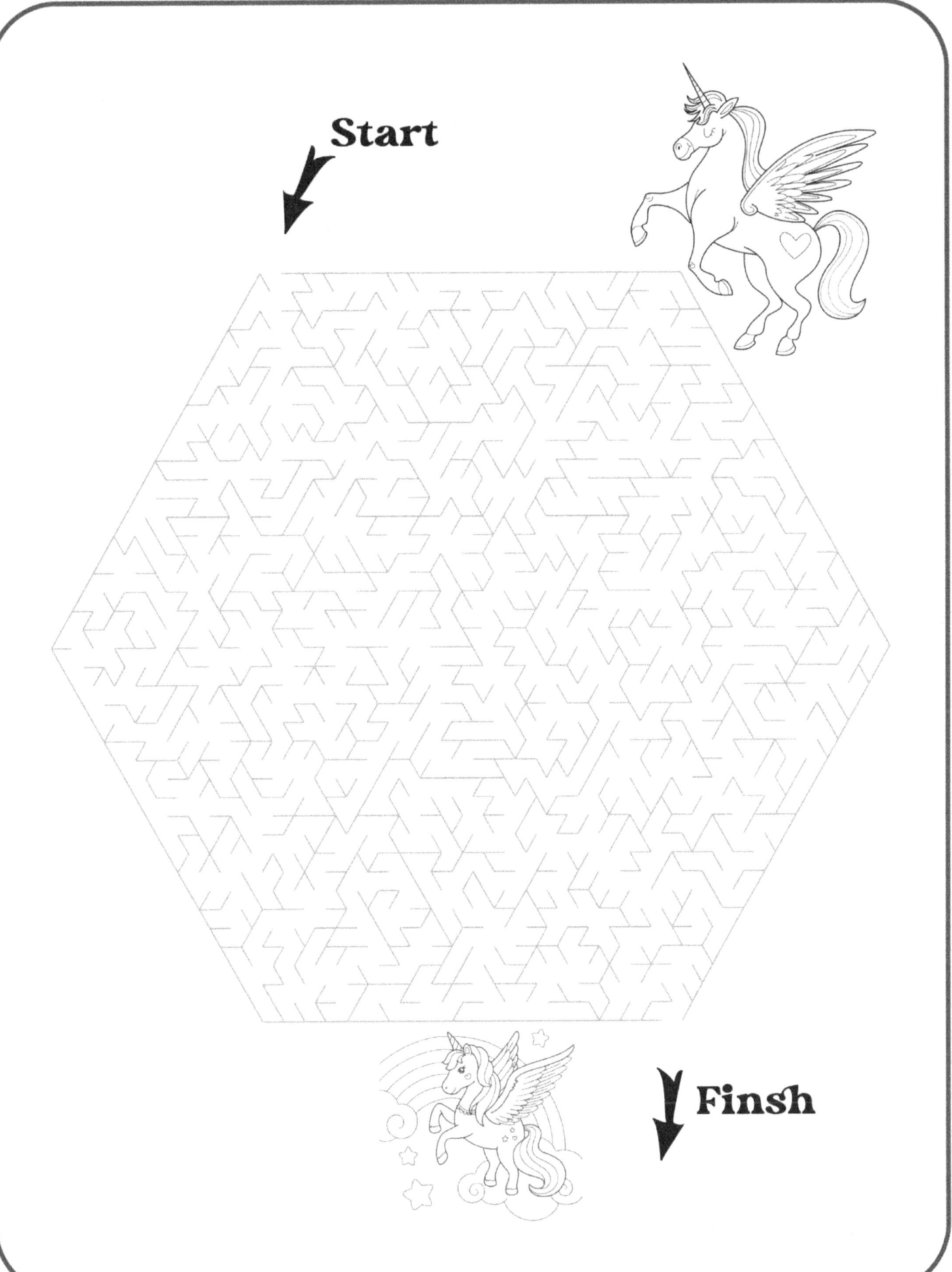
Start
Finsh

Start

Finsh

Start
Finsh

Start
Finsh

Start

Finsh

Start

Finsh

Start
Finsh

Start
Finsh

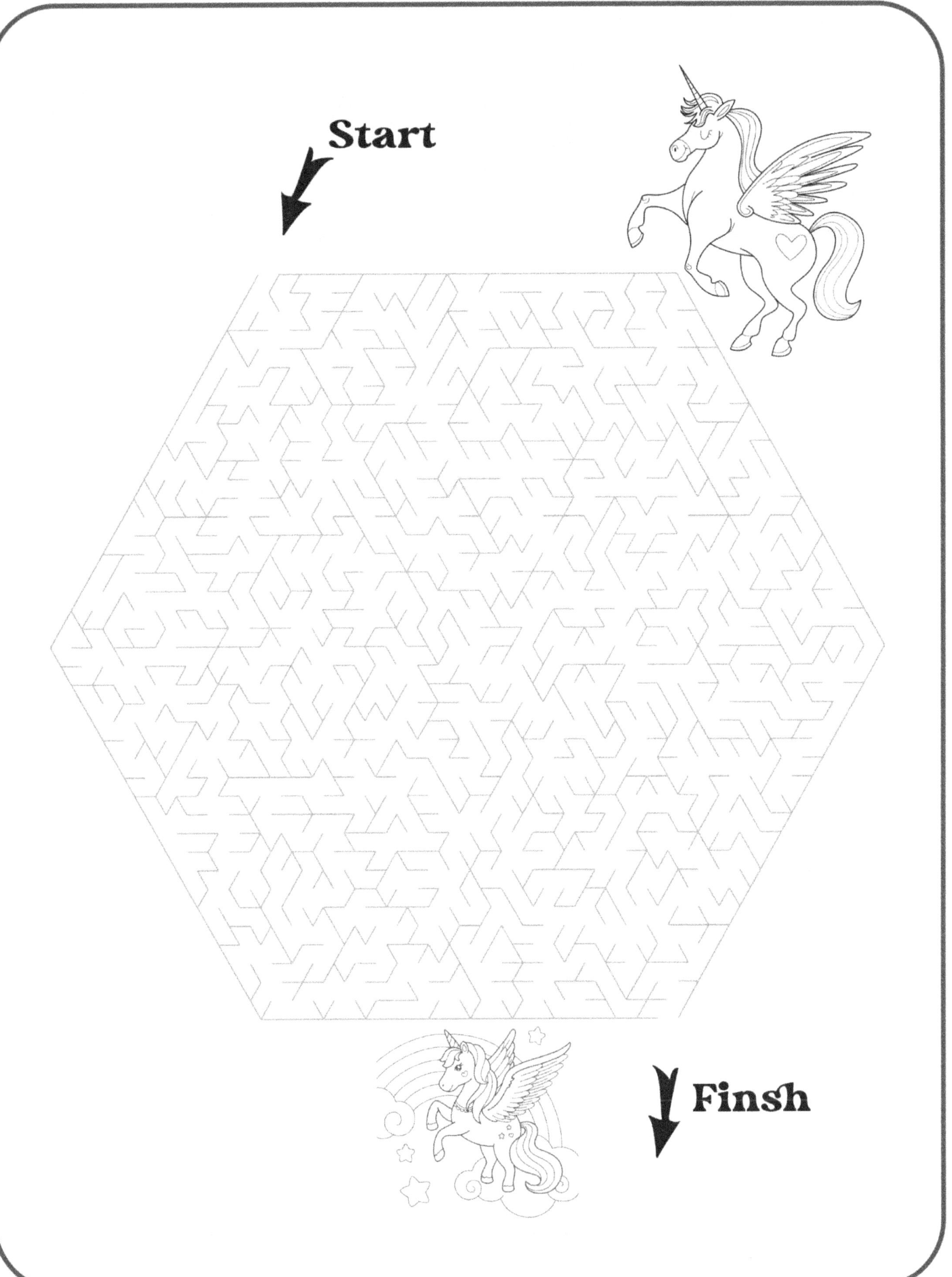

Start
Finsh

Start

Finsh

Start
Finsh

Start
Finsh

Start

Finsh

Start

Finsh

Start
Finsh

Start
Finsh

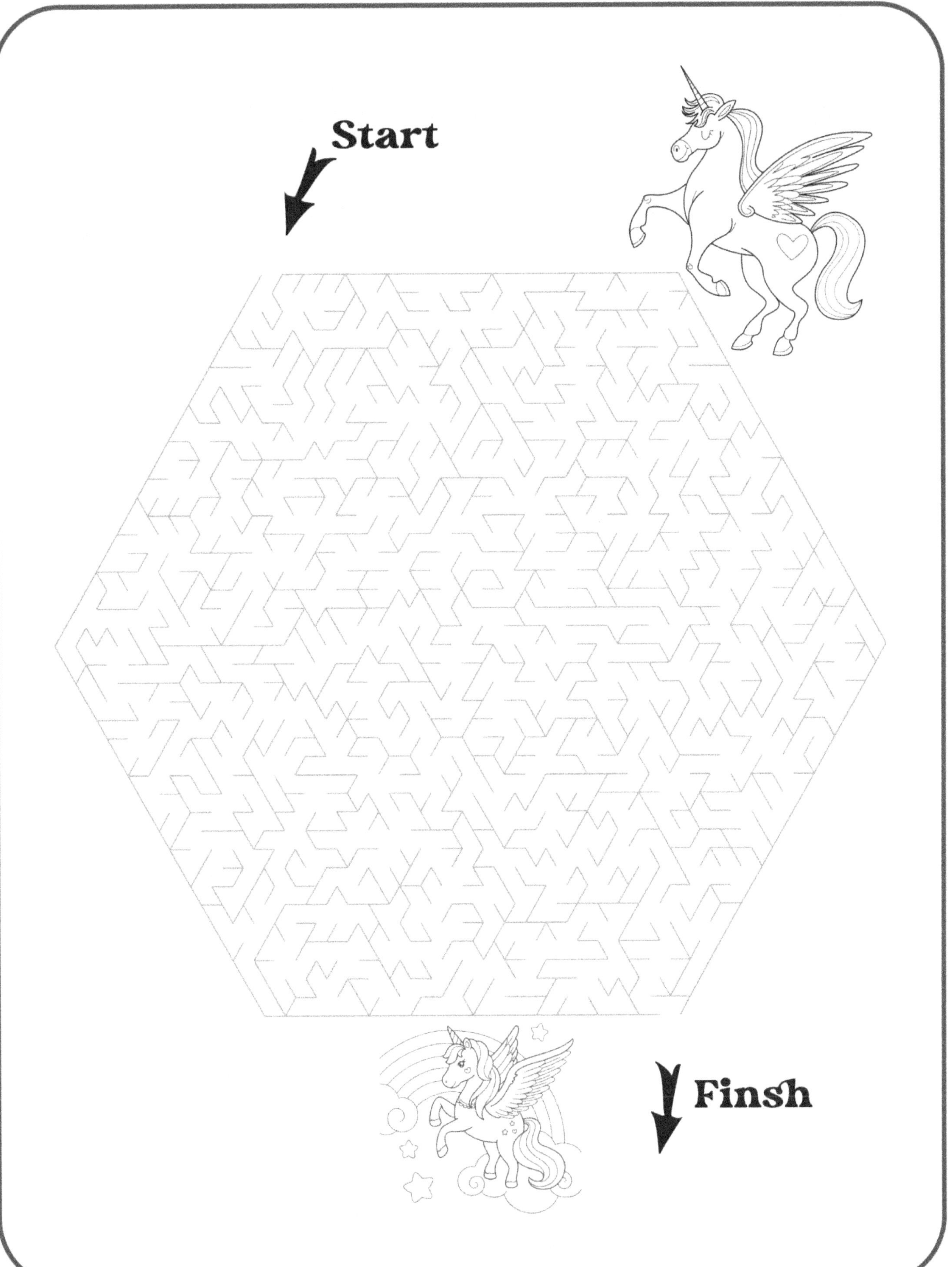

Start
Finsh

Start

Finsh

Start
Finsh

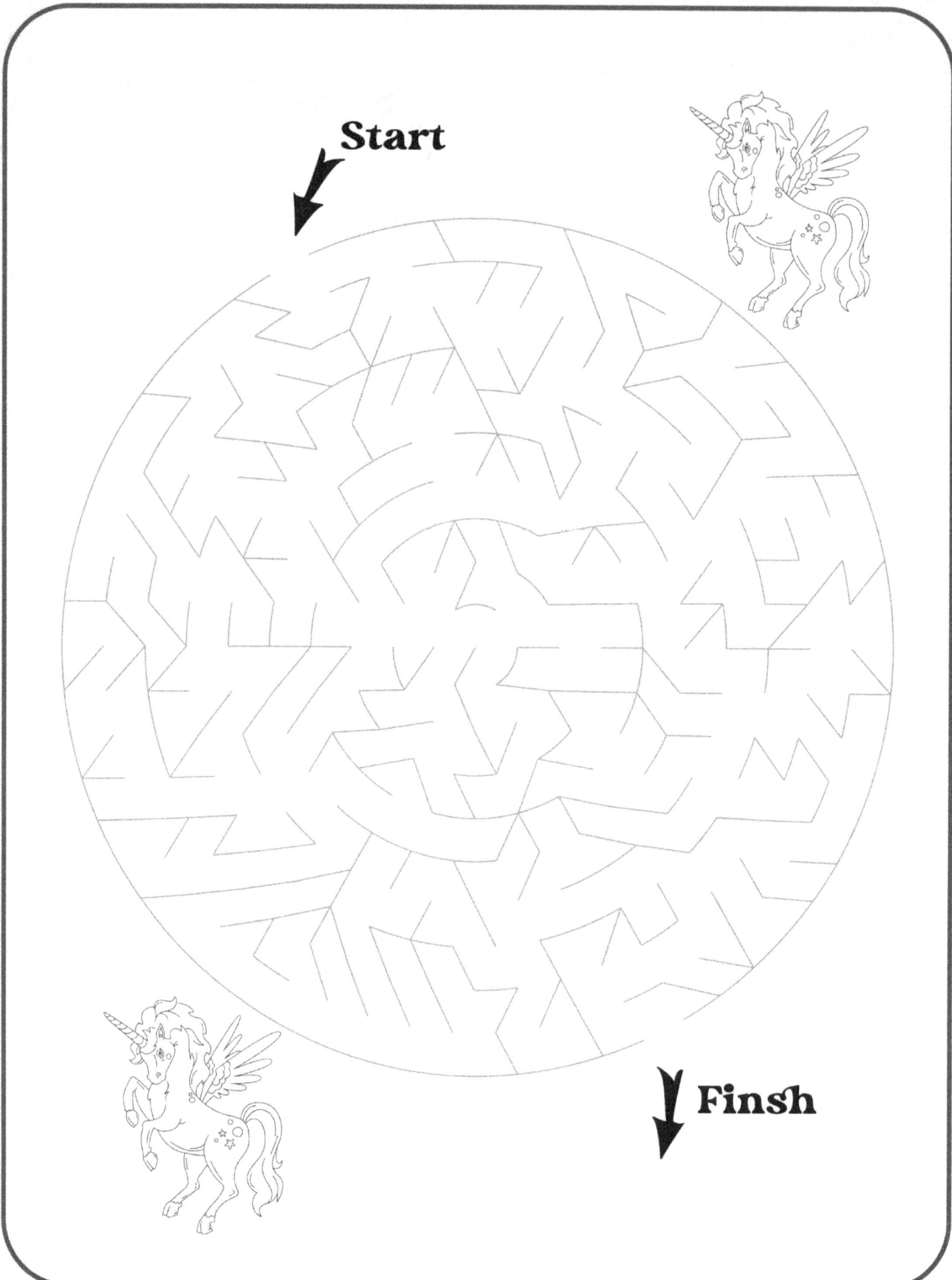
Start
Finsh

Start
Finsh

Start

Finsh

Start
Finsh

Start
Finsh

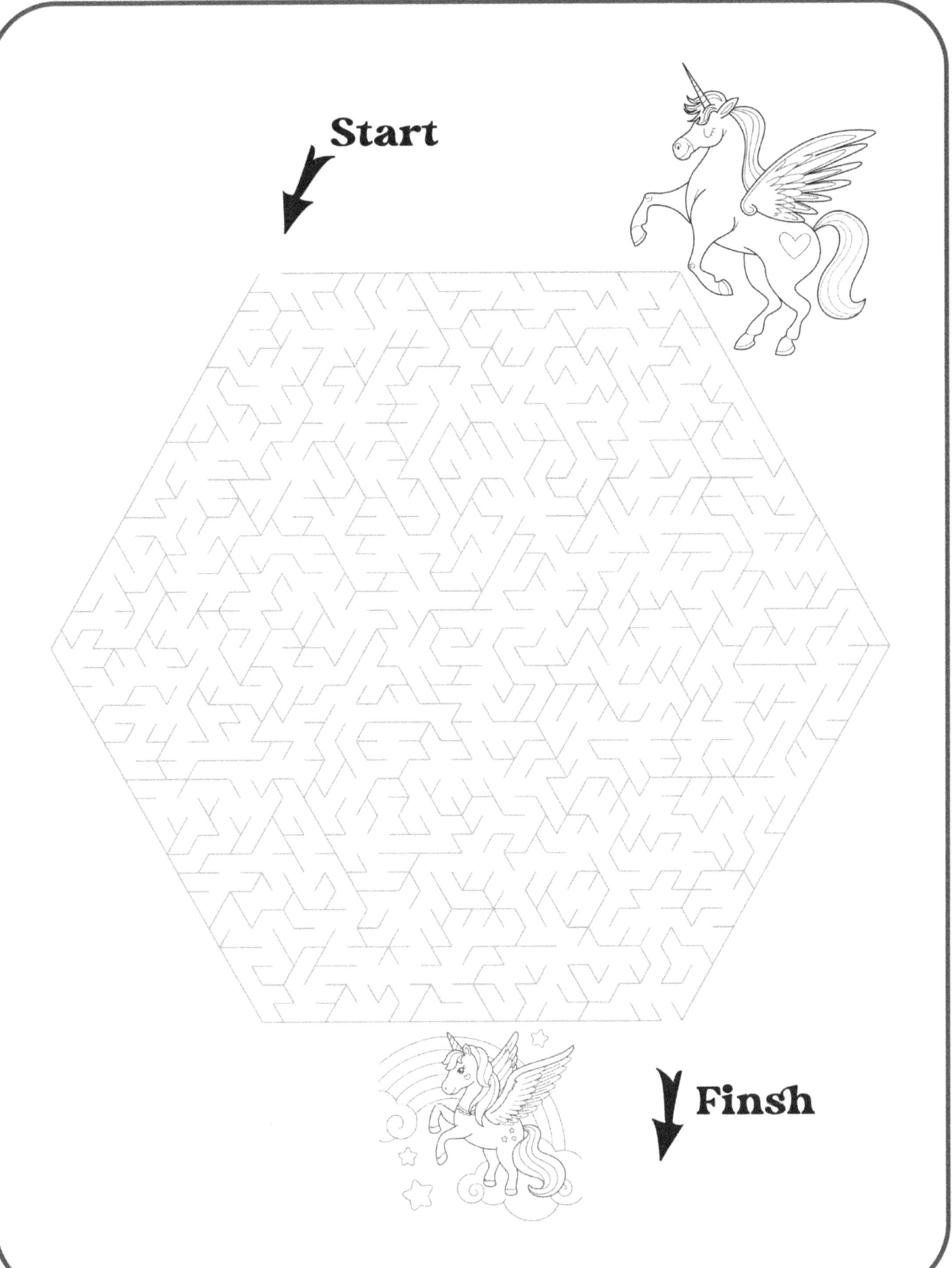

Start
Finsh

Start

Finsh

Start
Finsh

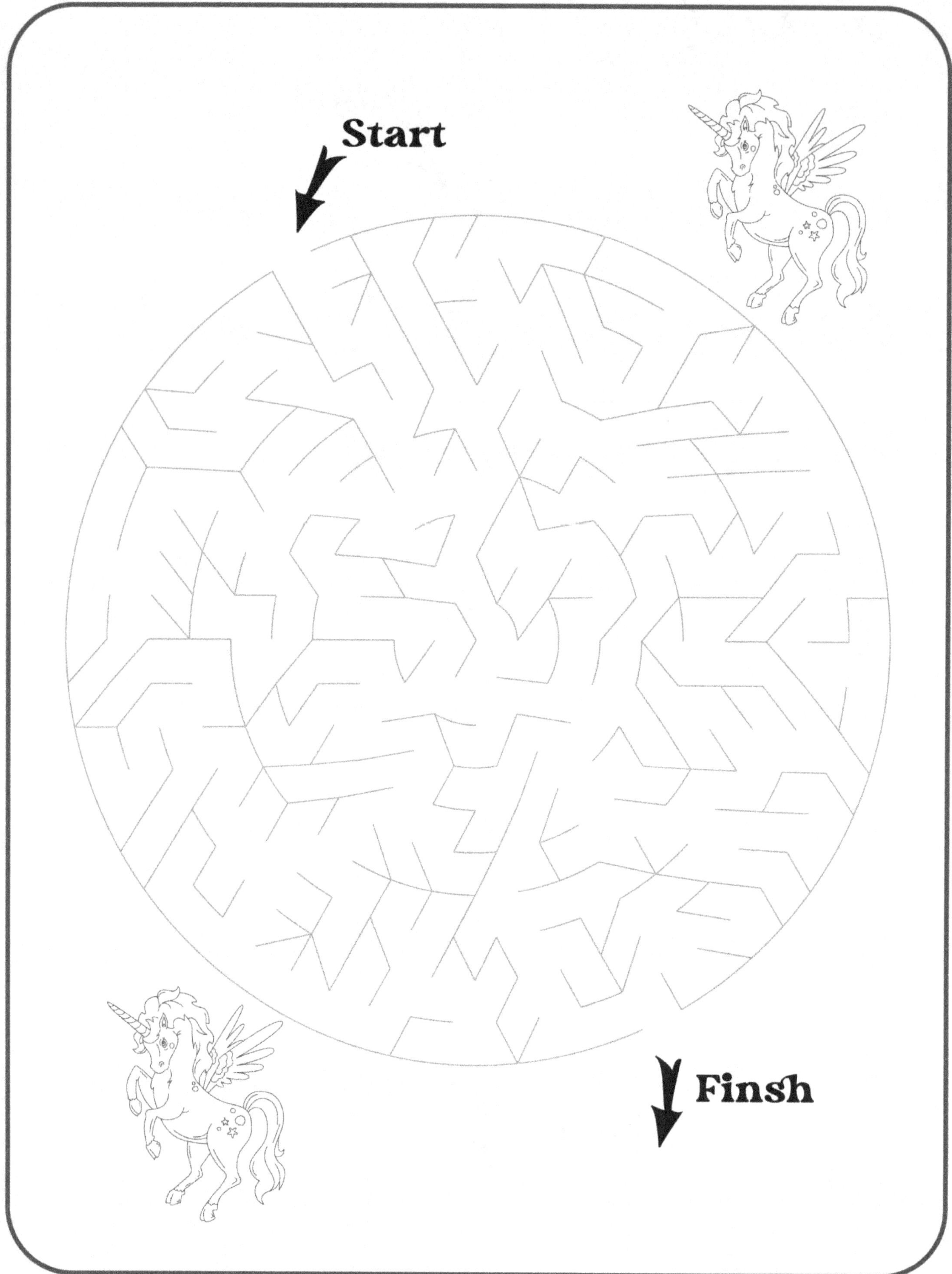

Start
Finsh

Start

Finsh

Start

Finsh

Start
Finsh

Start
Finsh

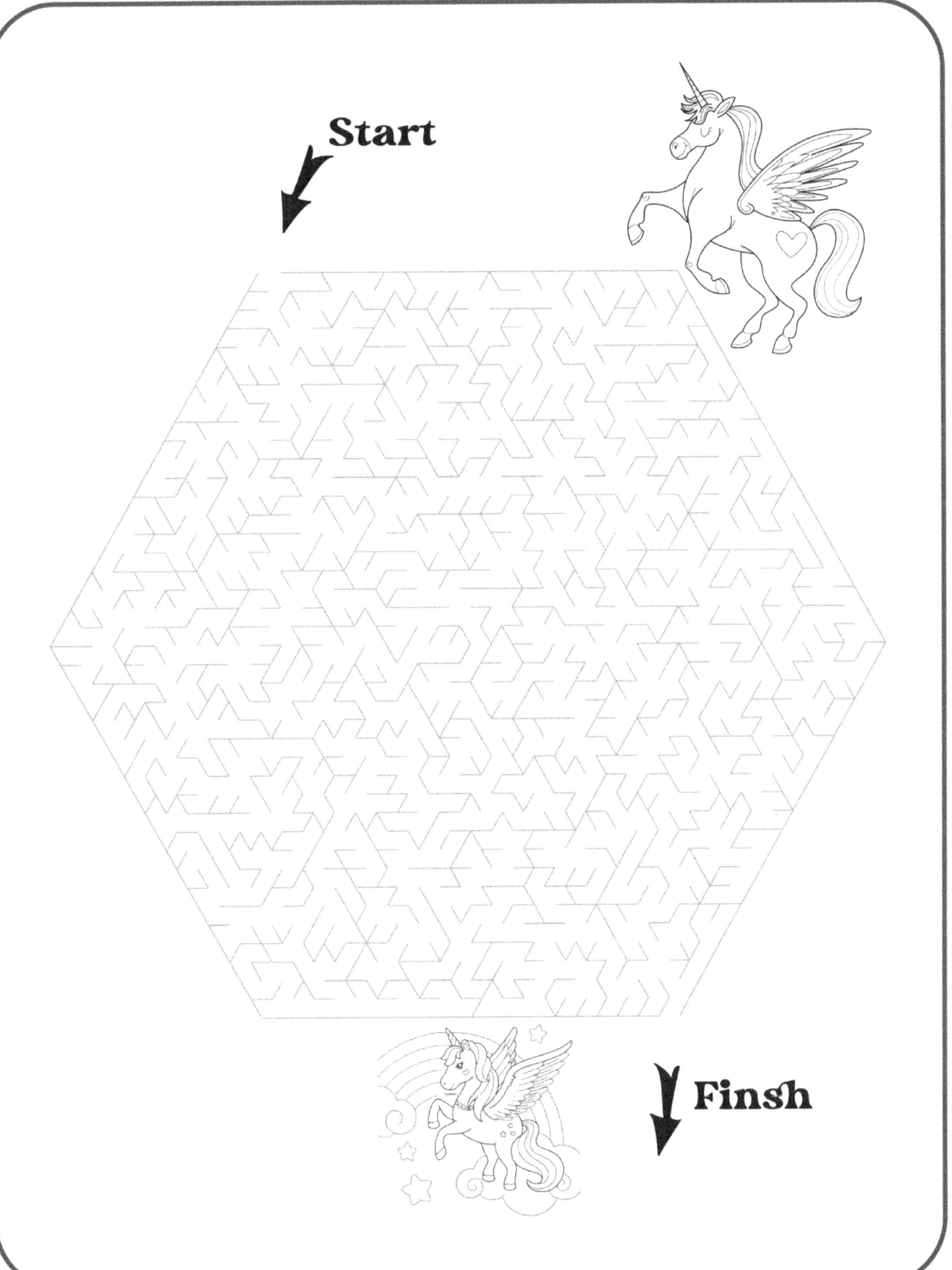
Start
Finsh

Start

Finsh

Start
Finsh

Start
Finsh

Start

Finsh

Start

Finsh

Start
Finsh

Start
Finsh

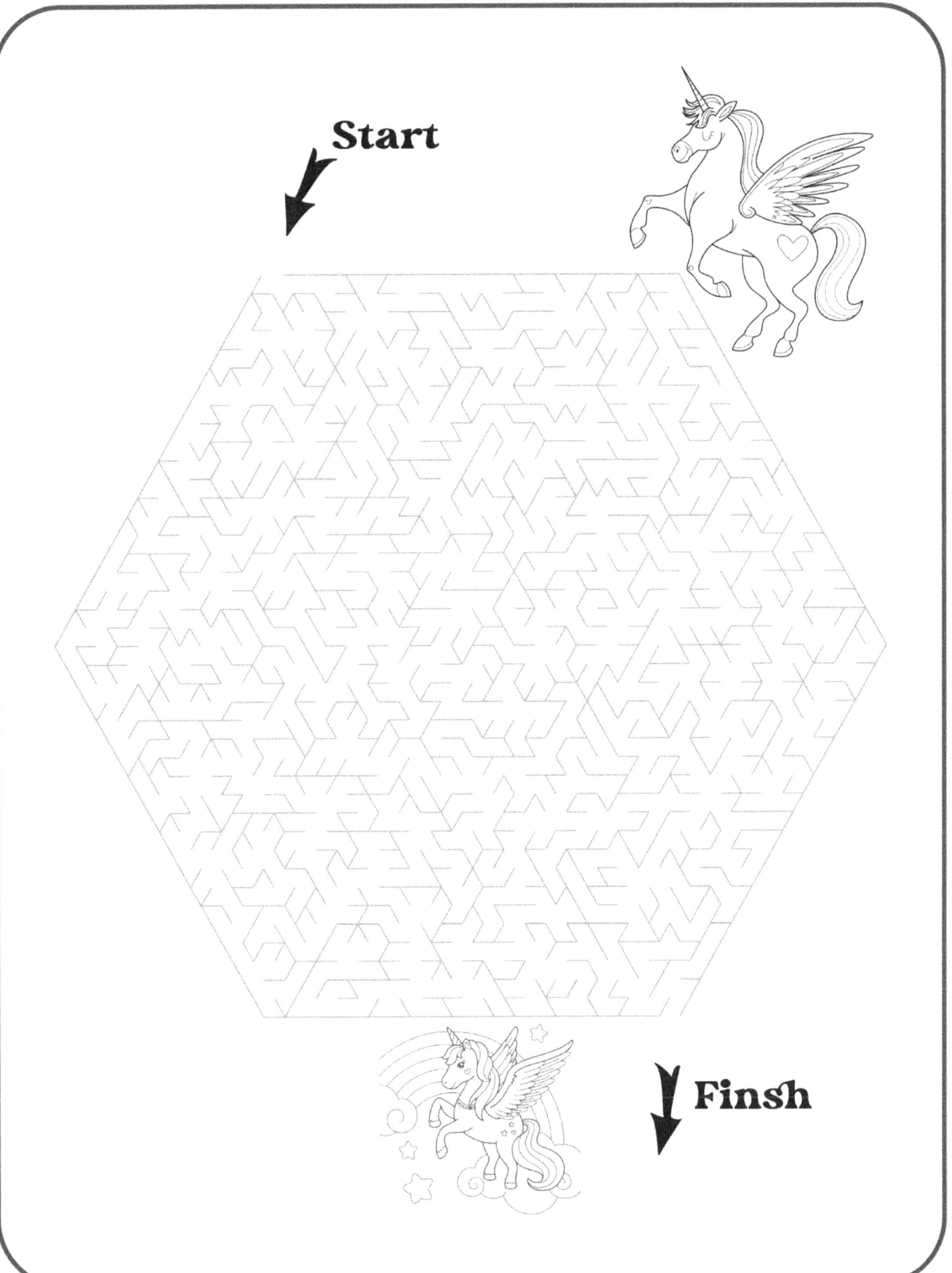

Start
Finsh

Start

Finsh

Start
Finsh

Start
Finsh

Start
Finsh

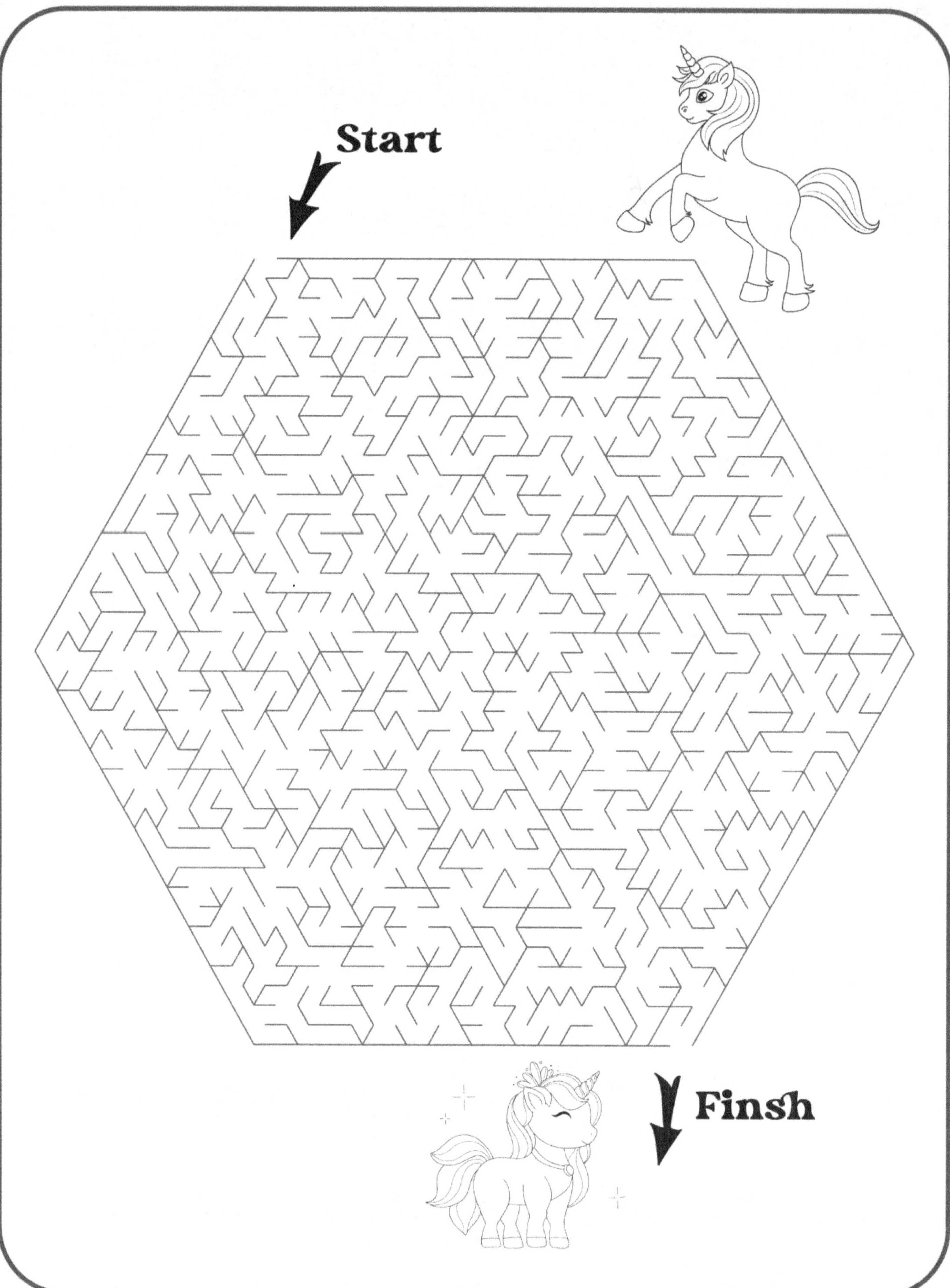
Start
Finsh

Start
Finsh

Start
Finsh

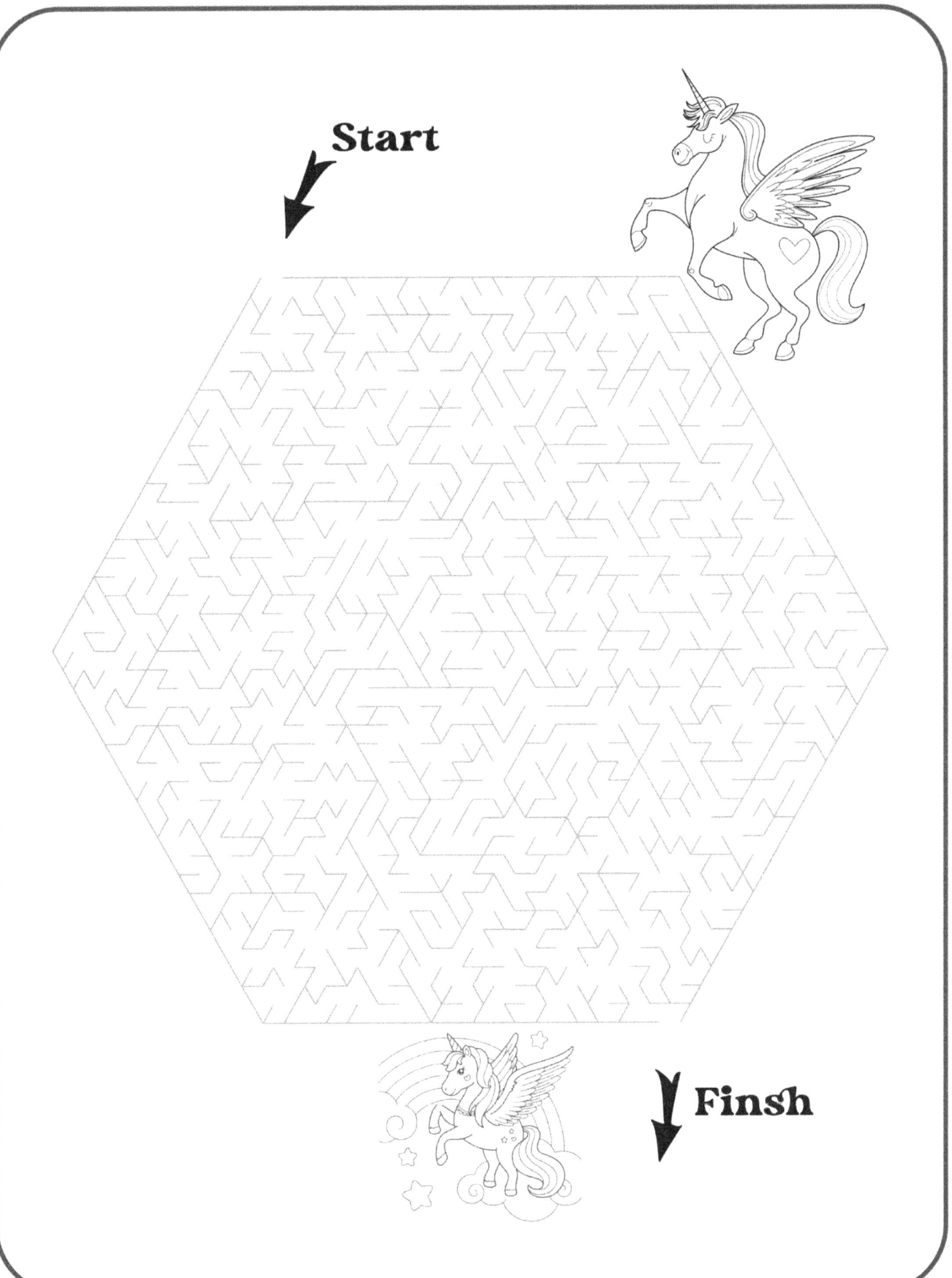

Start
Finsh

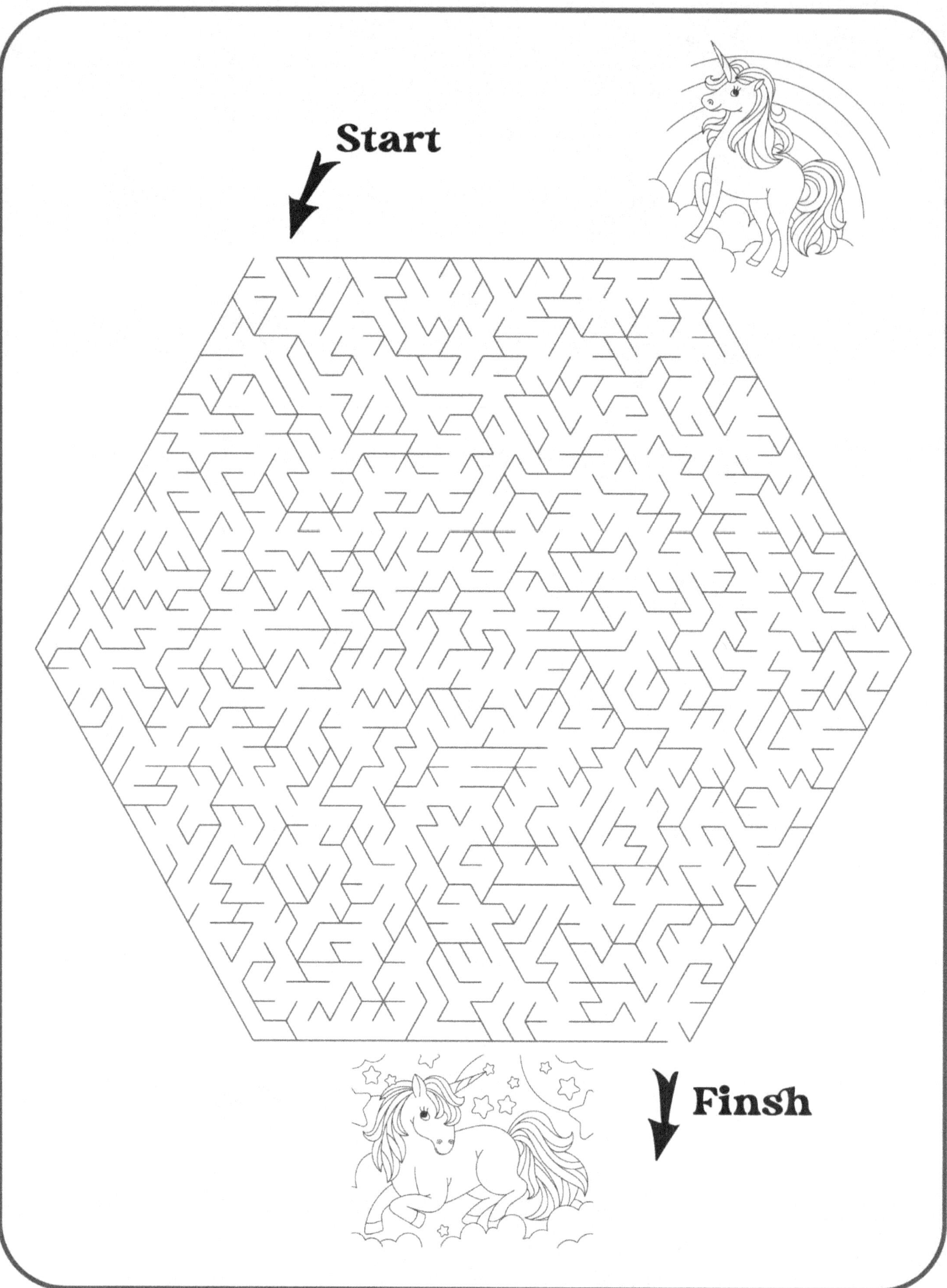

Start
Finsh

Start
Finsh

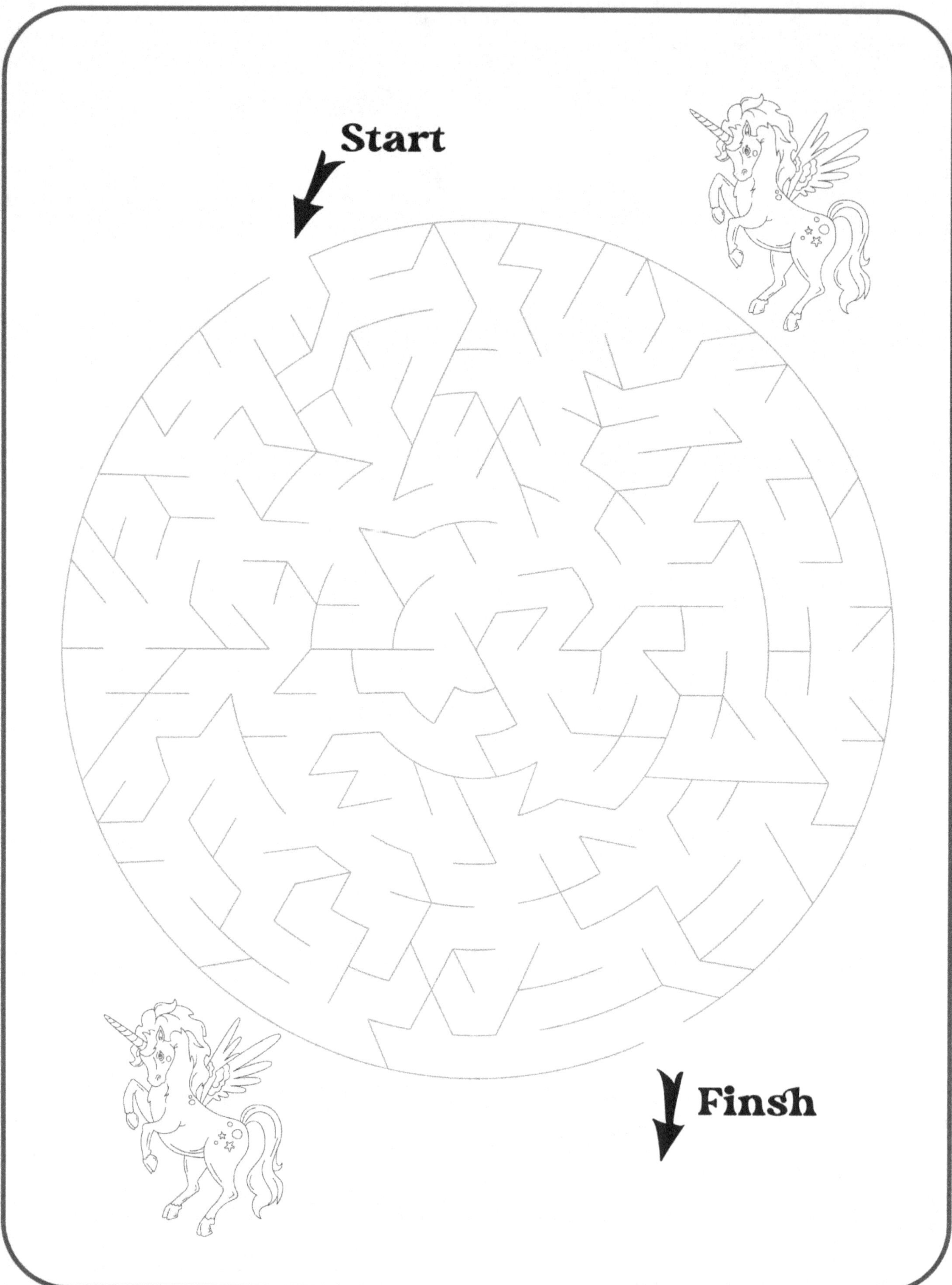

Start
Finsh

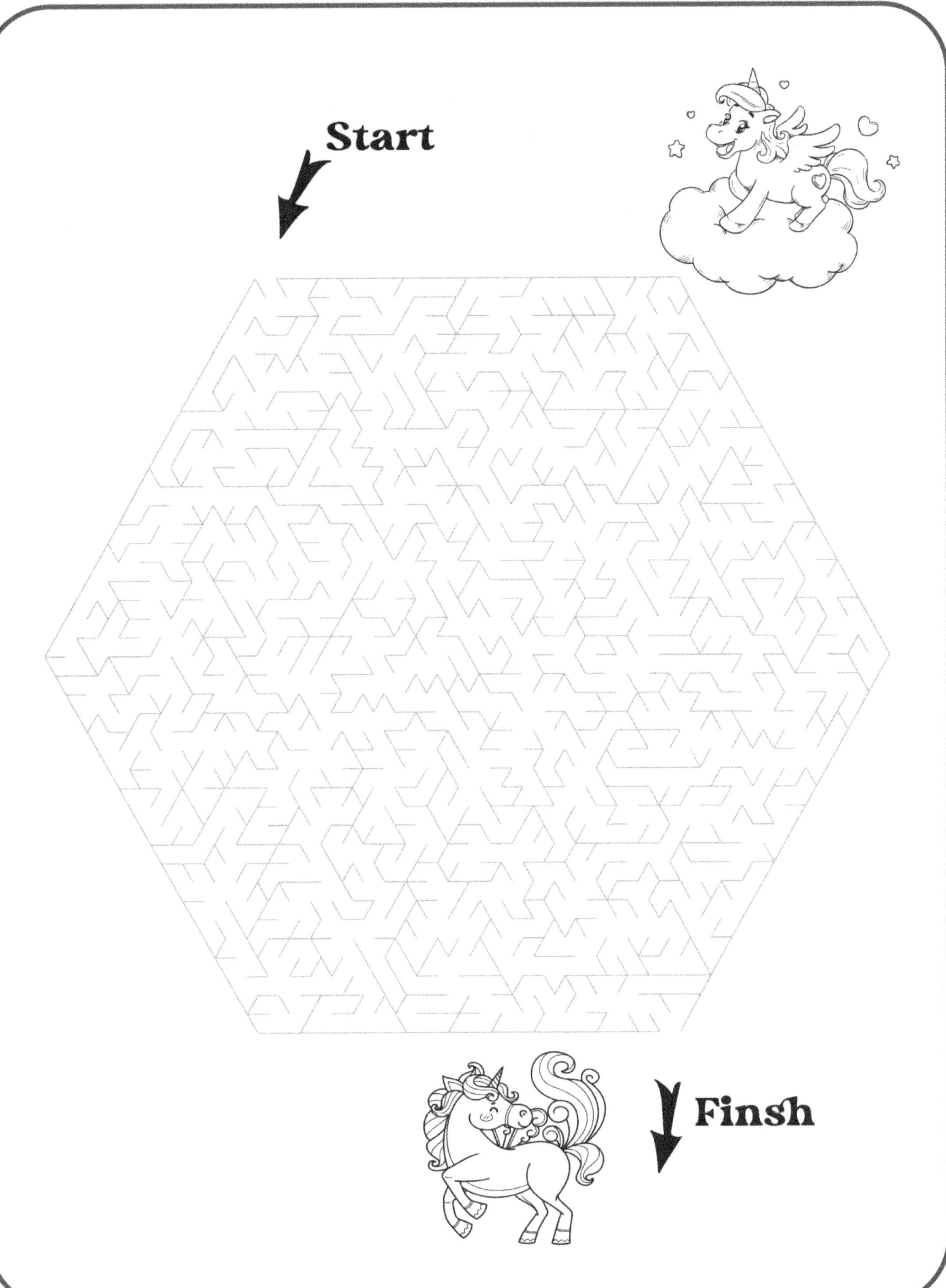

Start
Finsh

Start

Finsh

Start
Finsh

Start
Finsh

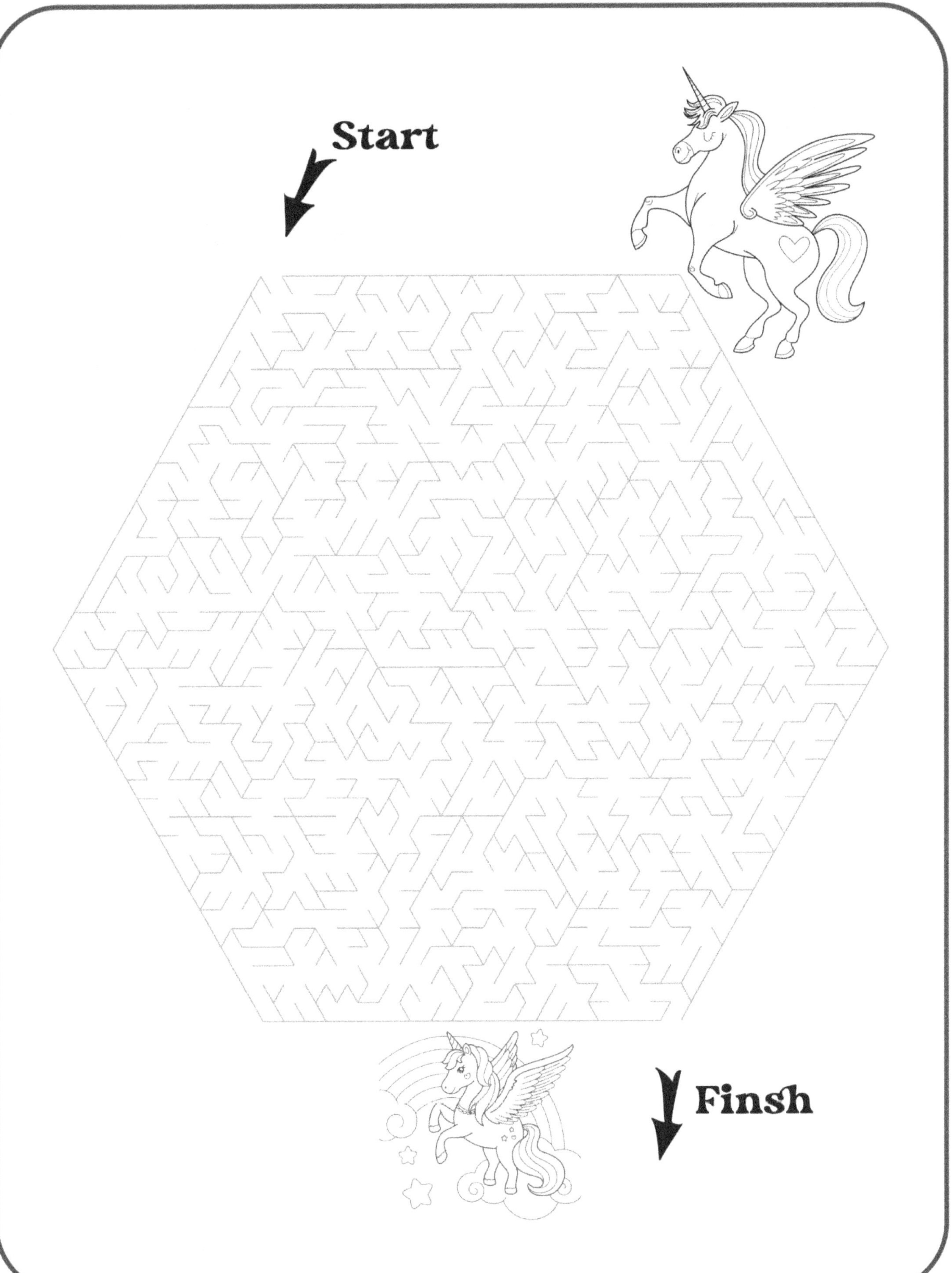

Start
Finsh

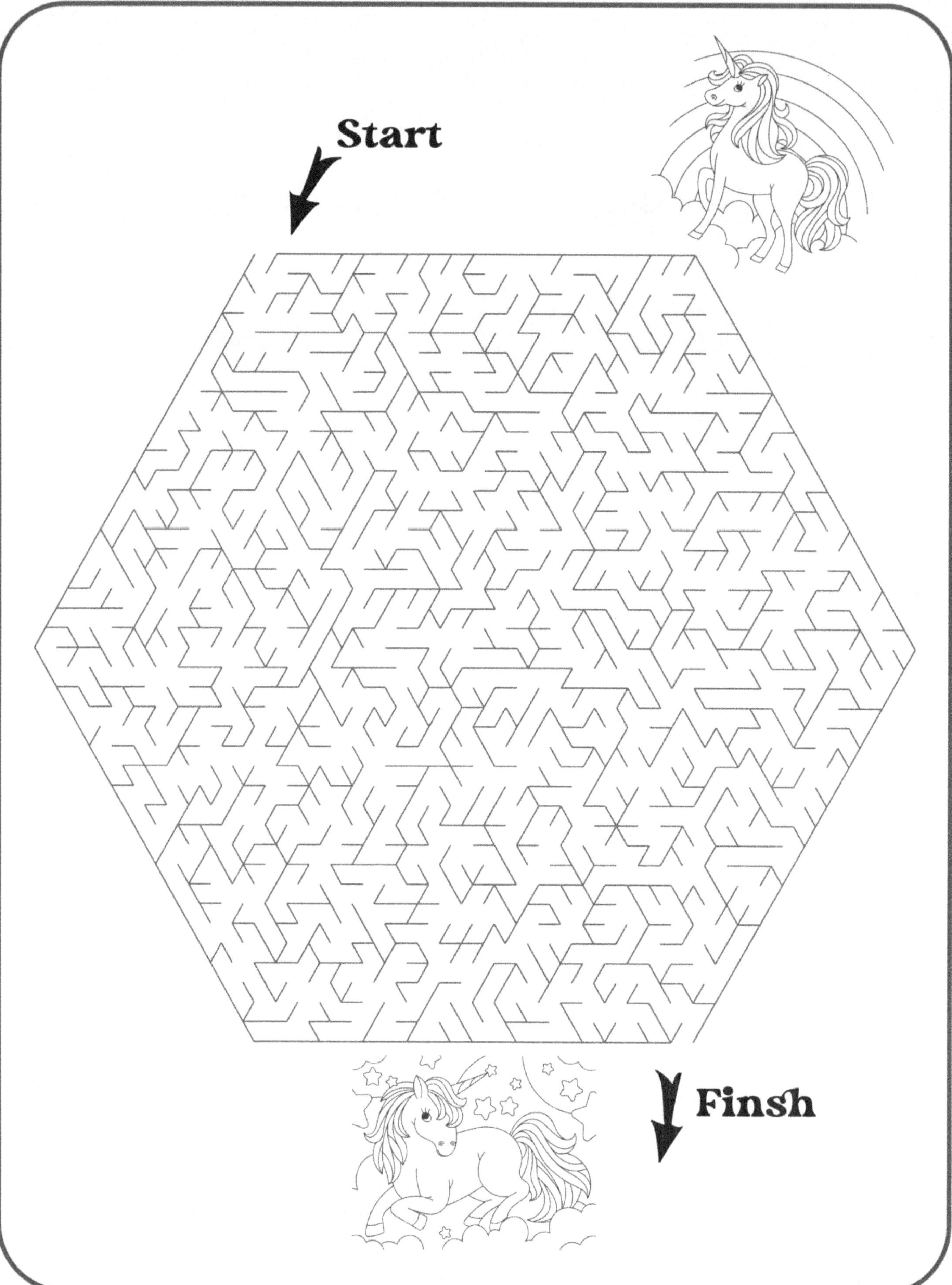

Start
Finsh

Start
Finsh

Start
Finsh

Start

Finsh

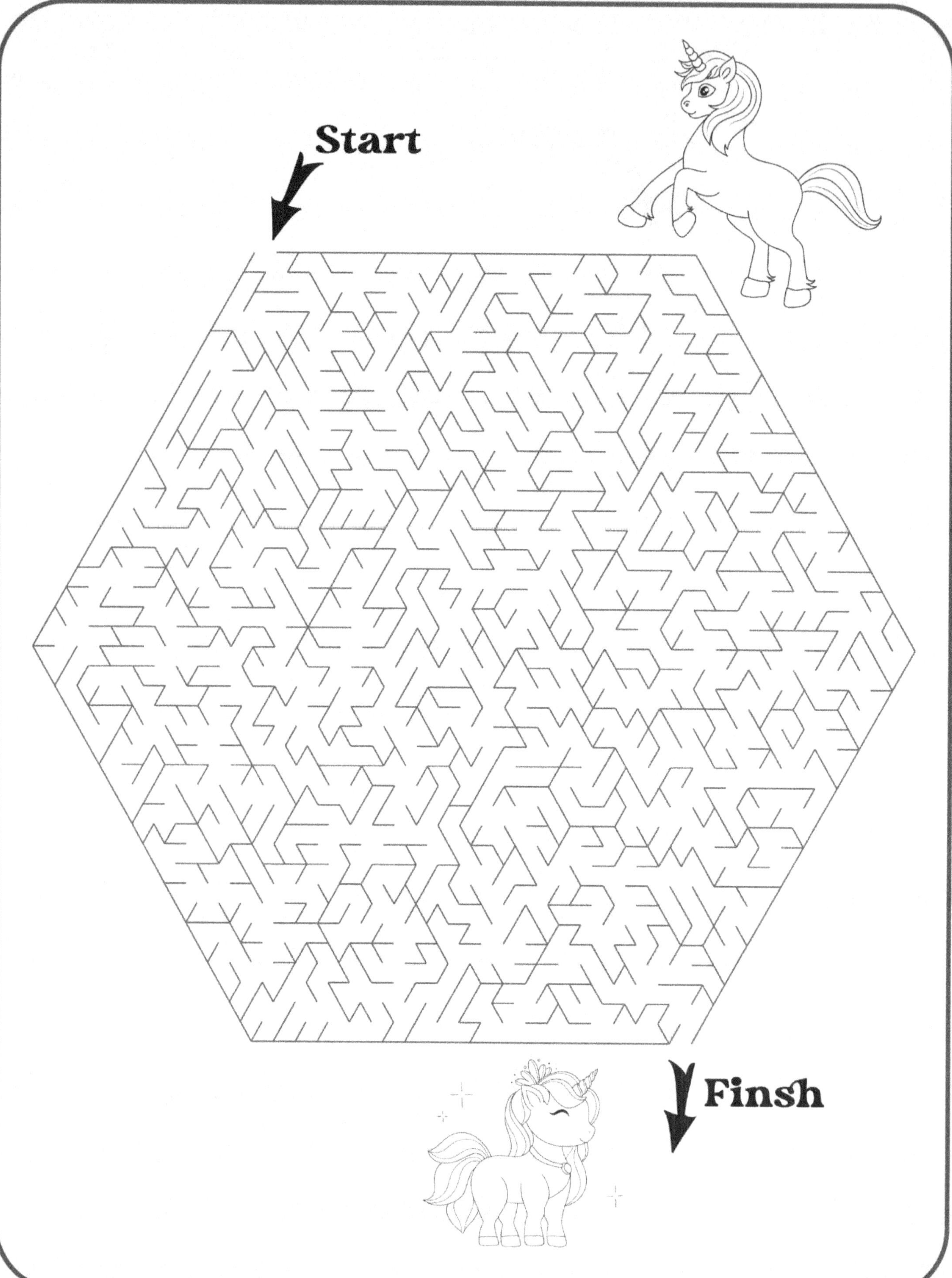

Start
Finsh

Start
Finsh

Start
Finsh

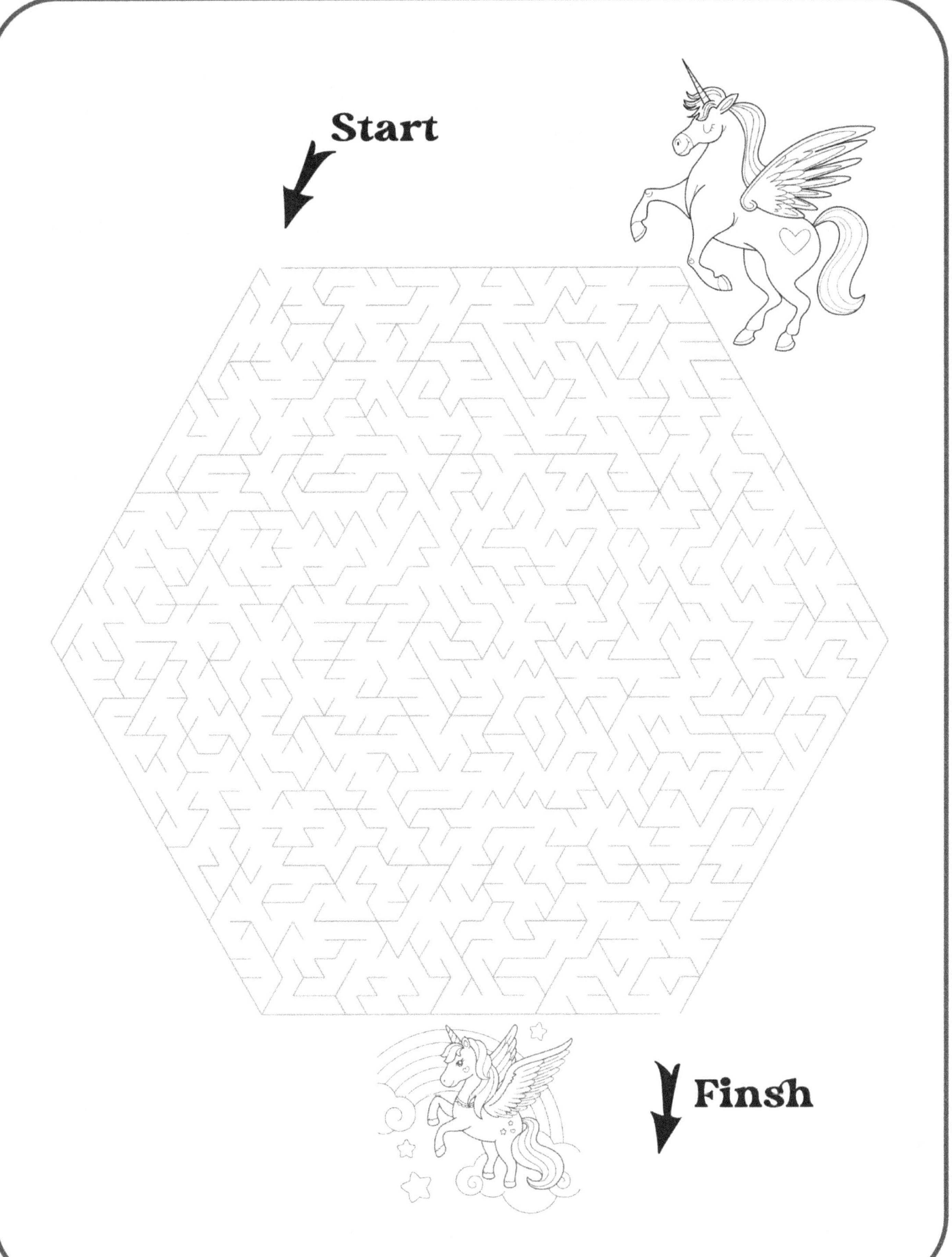

Start
Finsh

Start

Finsh

Start
Finsh

Start
Finsh

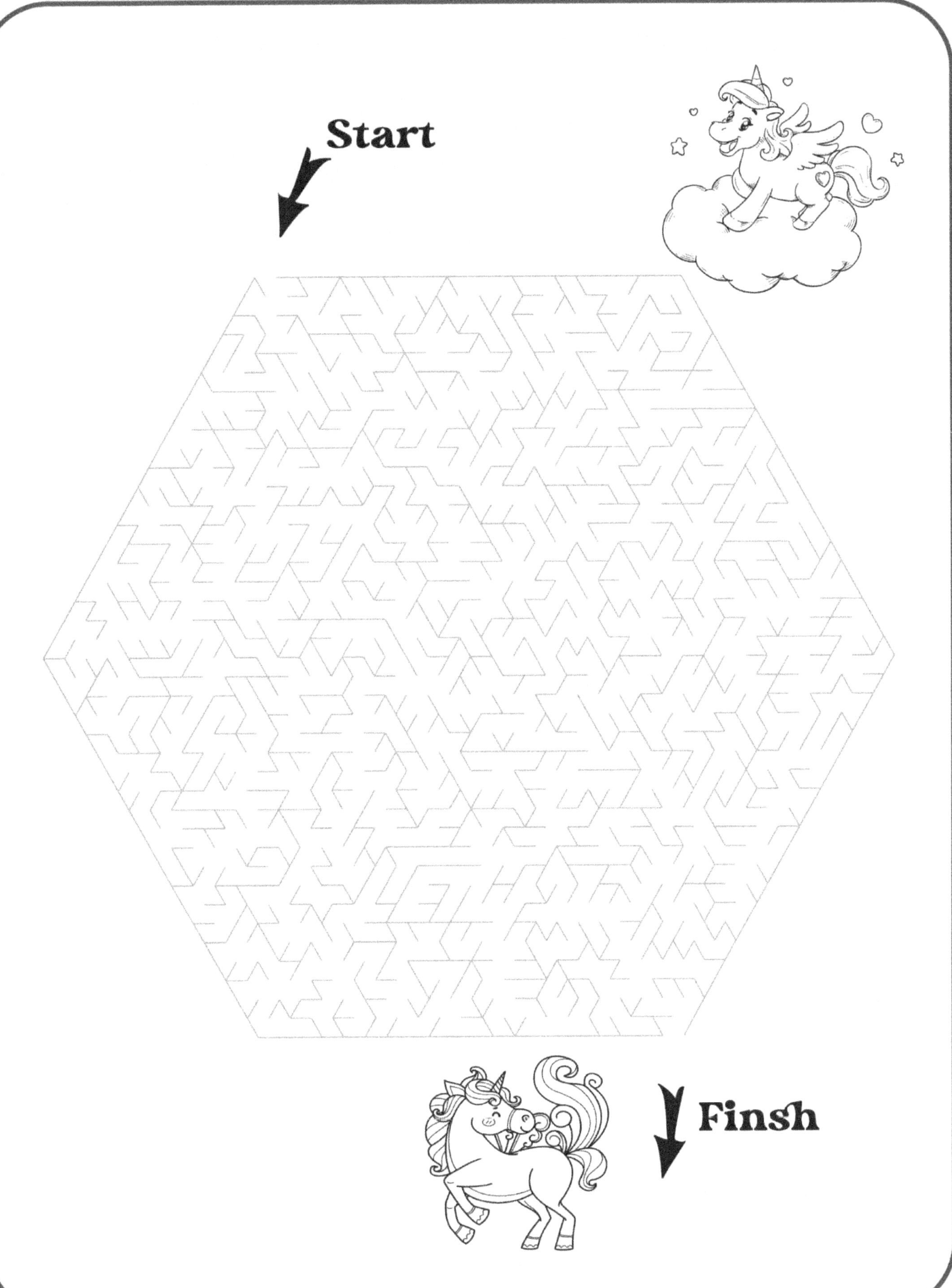

Start
Finsh

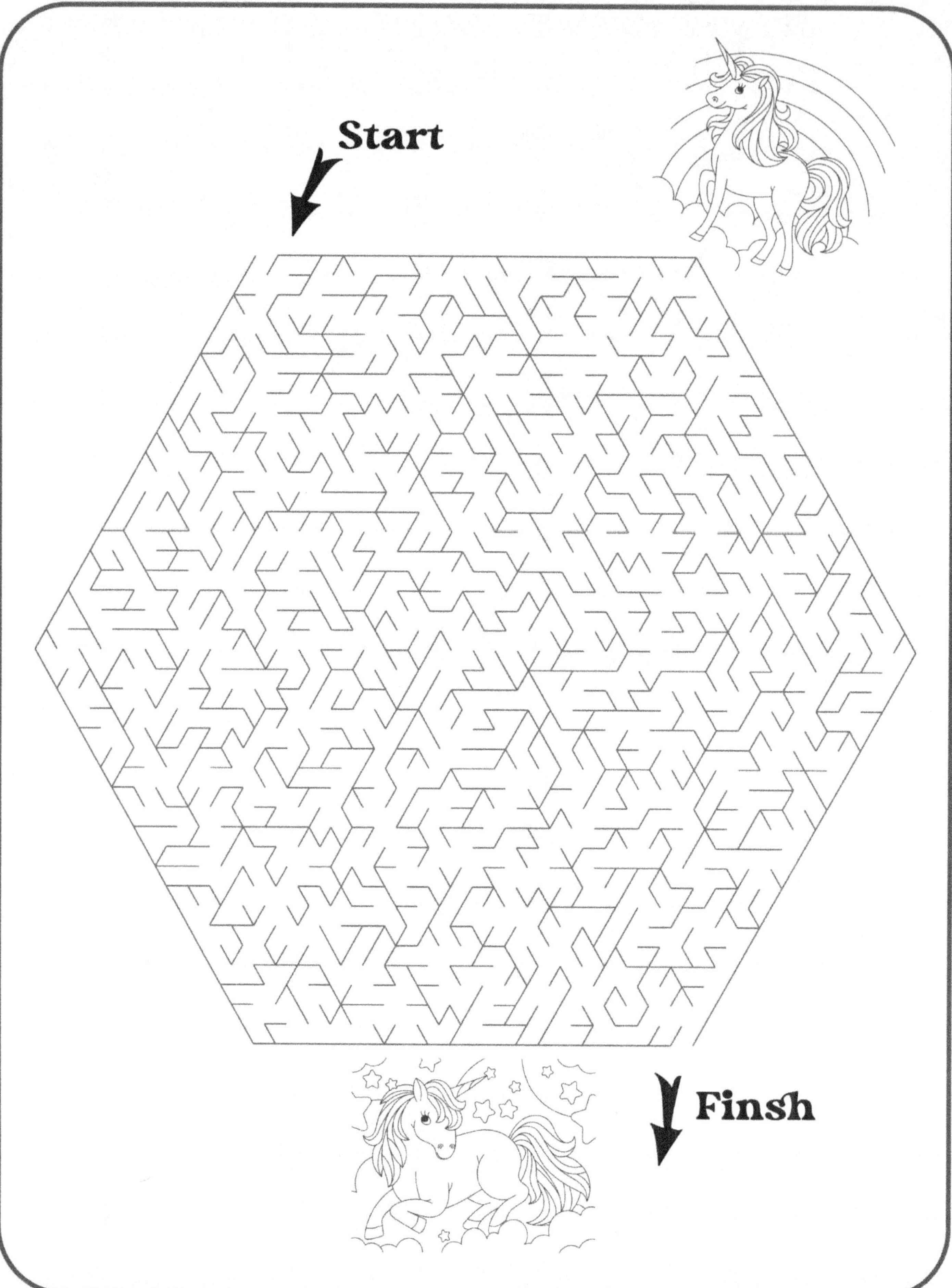

Start
Finsh

Start
Finsh

Start
Finsh

Start

Finsh

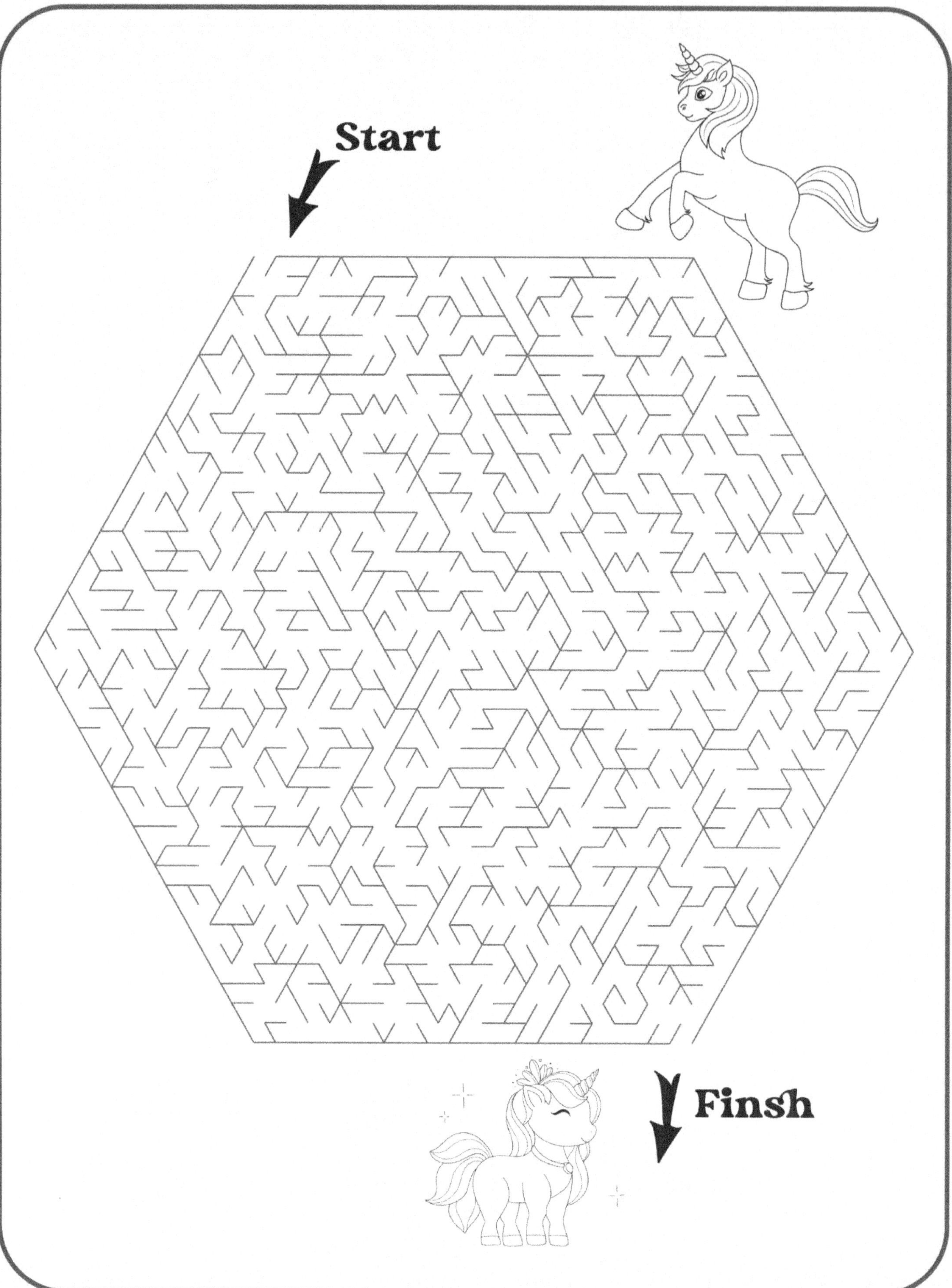

Start
Finsh

Start
Finsh

Start
Finsh

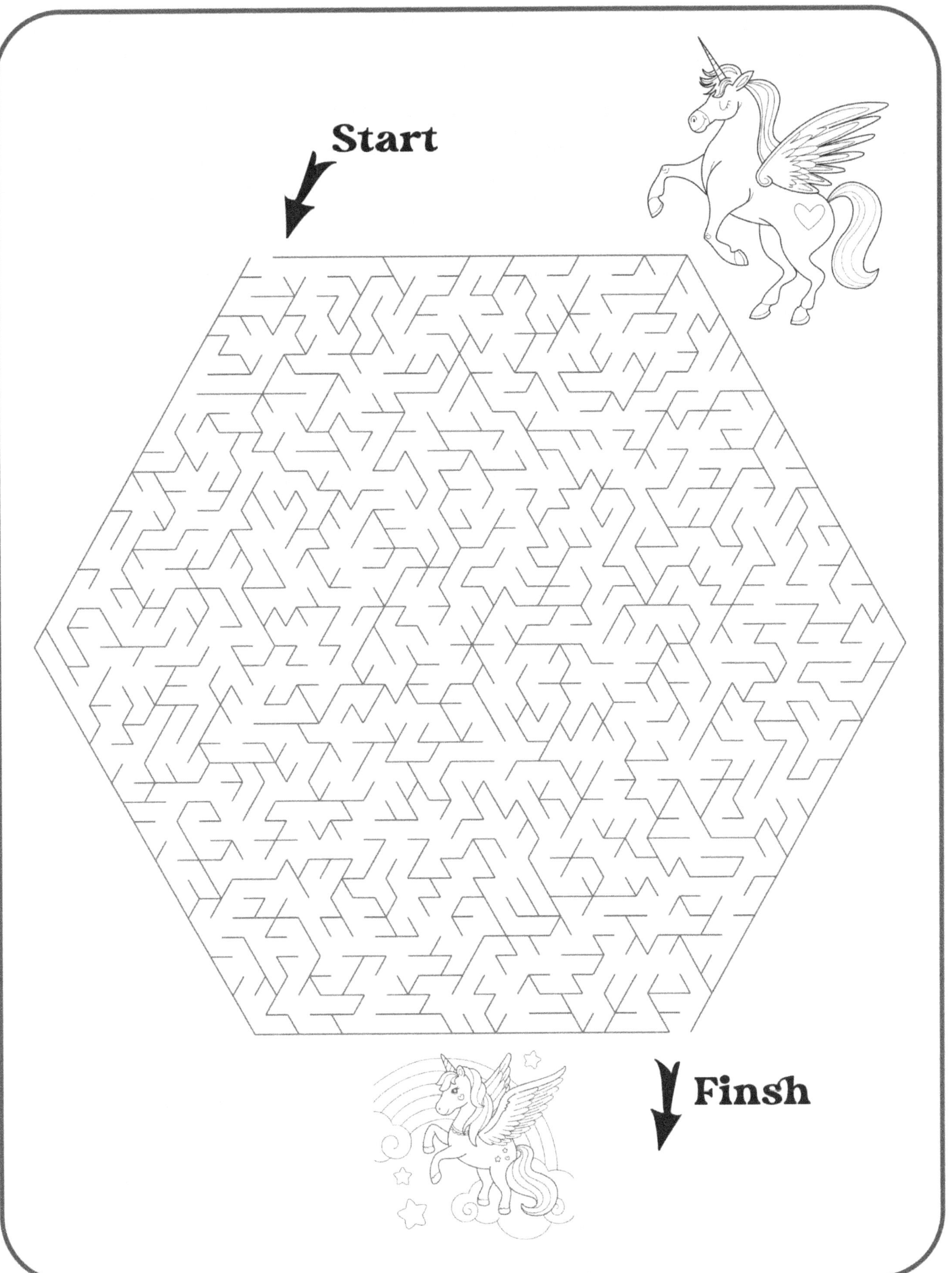
Start
Finsh

Start
Finsh

Start
Finsh

Start
Finsh

Start
Finsh

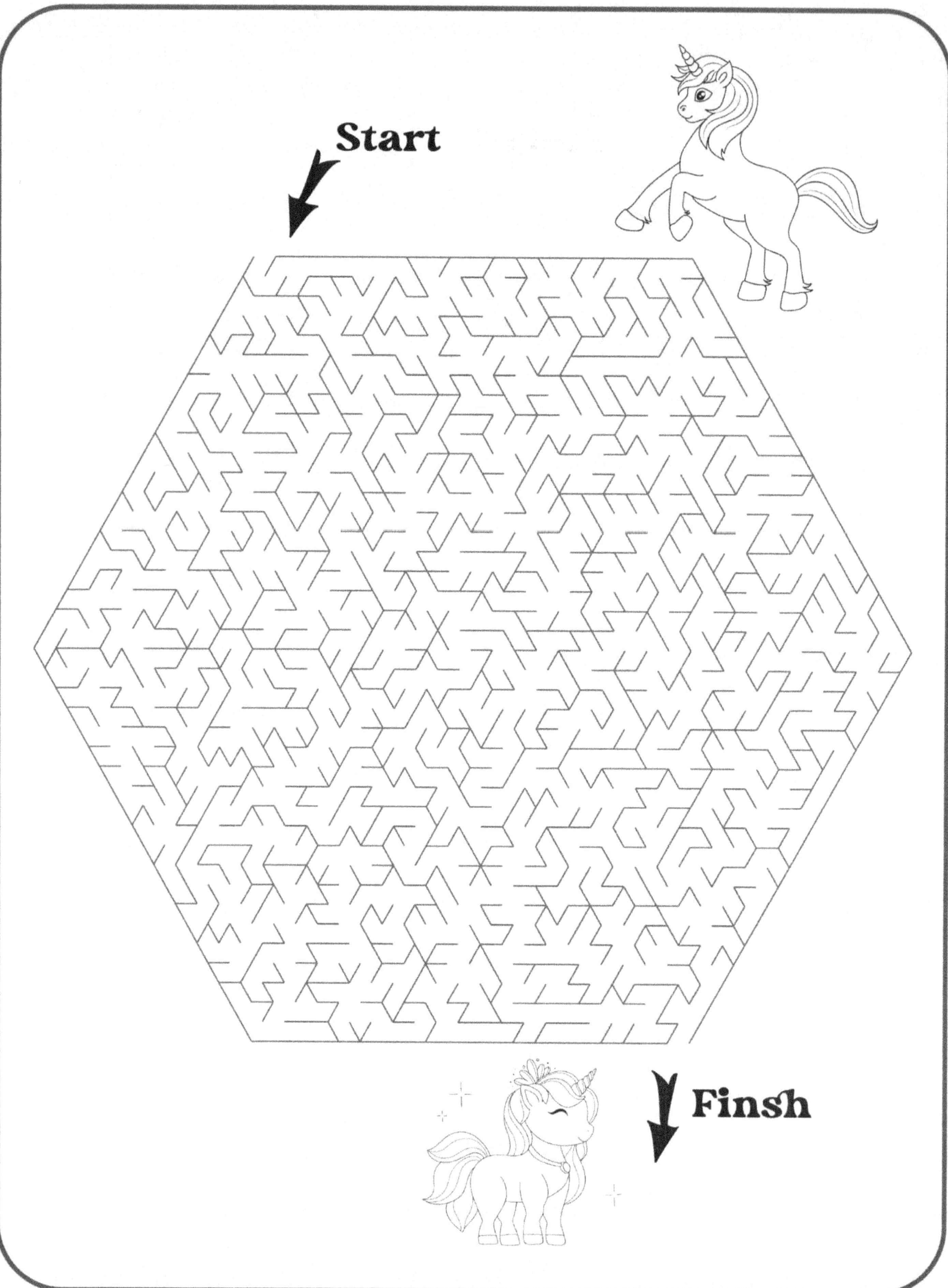

Start
Finsh

Start
Finsh

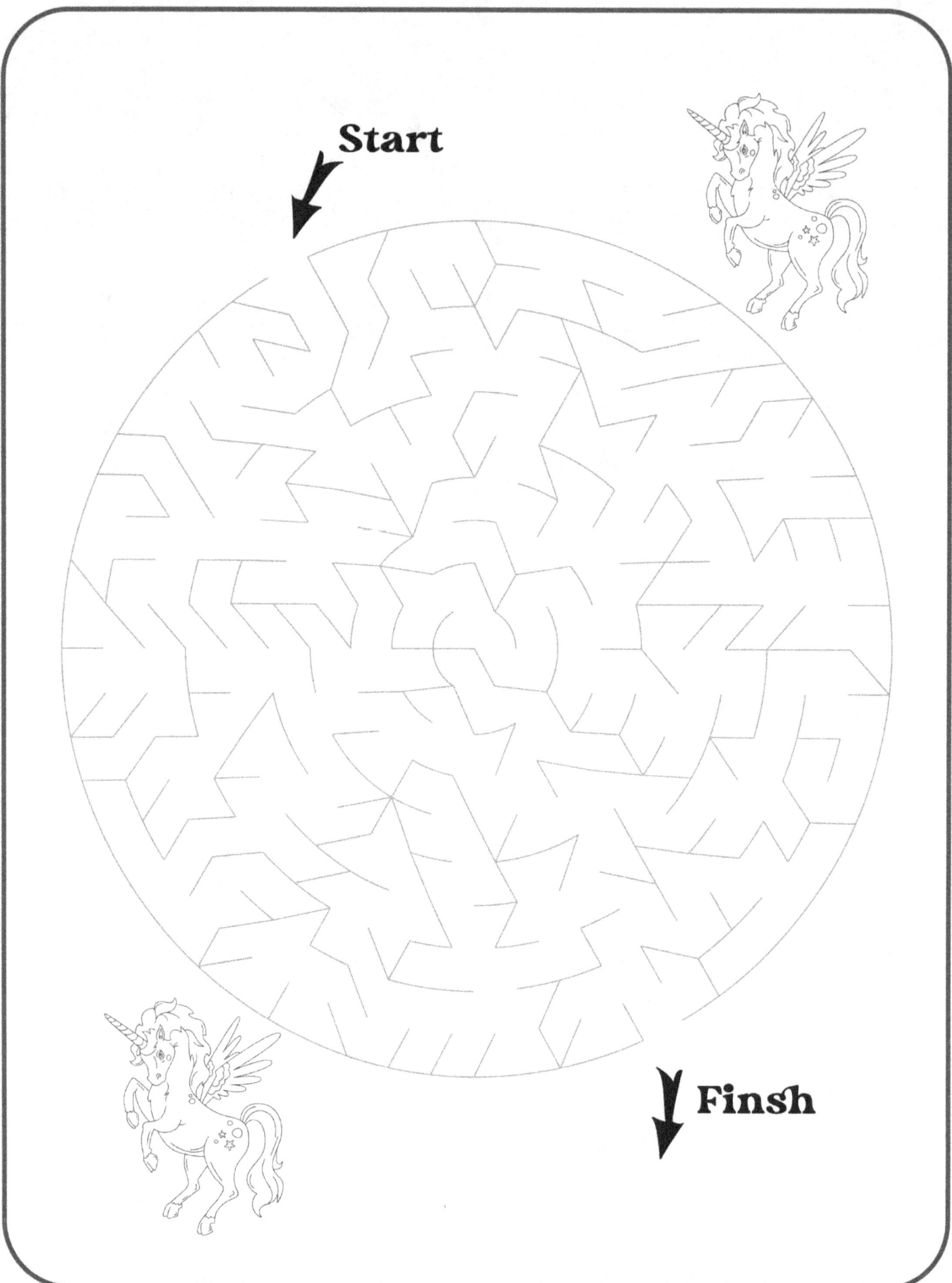

Start
Finsh

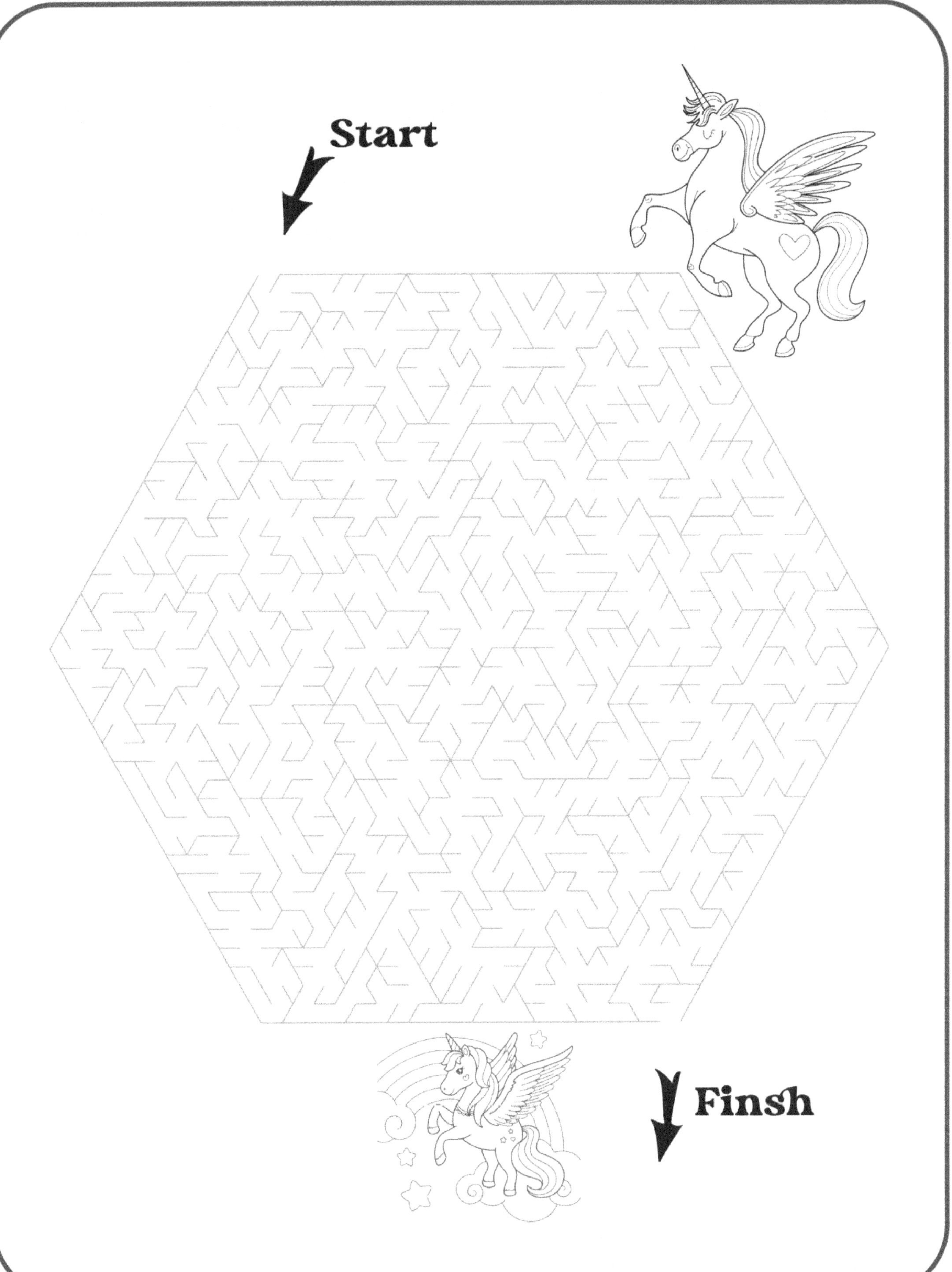

Start
Finsh

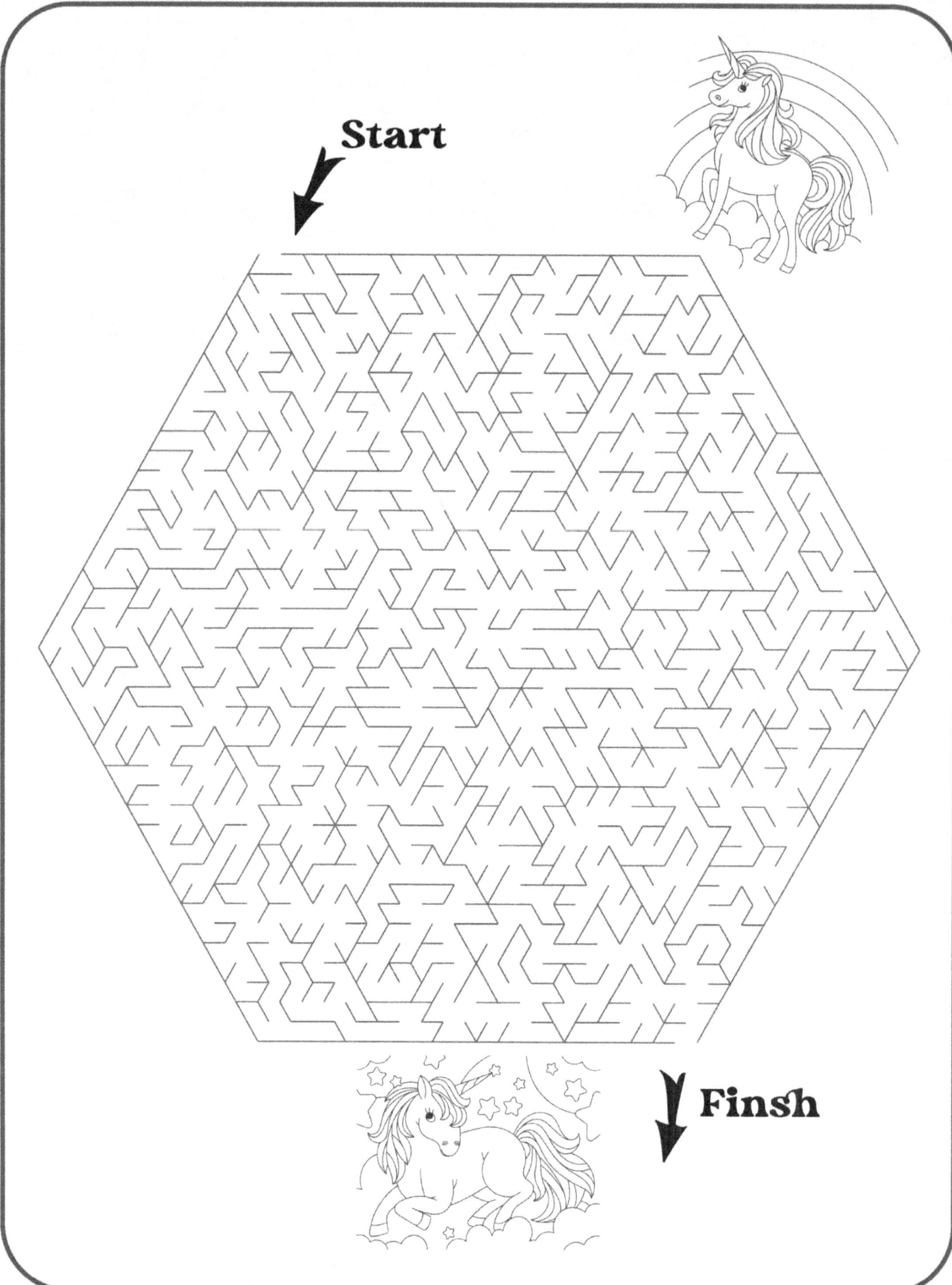

Start
Finsh

Start
Finsh

Start
Finsh

Start
Finsh

Start
Finsh

Giving Thanks

"On this special day, we gather together with our loved ones to express our gratitude for all the blessings in our lives. Let us take a moment to appreciate the simple joys, the moments of laughter and the memories we have made. May this Thanksgiving bring you warmth, happiness and the comfort of home. Wishing you and your family a Happy Thanksgiving filled with love and joy."